Vier

Städte

an der Ostsee

VIER STÄDTE AN DER OSTSEE

WISMAR

ROSTOCK

STRALSUND

GREIFSWALD

fotografiert von Ingo Möllers

mit Texten von Wolf Karge

Der Fotograf
Ingo Möllers, geb. 1970, arbeitet als Fotojournalist in Delmenhorst.

Der Autor
Wolf Karge, geb. 1951 und aufgewachsen in Heiligendamm, studierte Archivwesen und Geschichte in Berlin. Er ist seit 1972 in verschiedenen Archiven und Museen Mecklenburg-Vorpommerns tätig. Als Autor beschäftigen ihn überwiegend Themen zur Landesgeschichte.

Die Frontispiz-Abbildung zeigt den Blendgiebel des Rathauses in Stralsund.

Abbildung rechts: Bürgerhaus in Wismar

ISBN 3-932292-83-9

Bibliografische Information der Deutschen Bibliothek:
Die Deutsche Bibliothek verzeichnet diese Publikation in der Deutschen Nationalbibliografie; detaillierte bibliografische Daten sind im Internet über http://dnb.ddb.de abrufbar.

ASCHENBECK & HOLSTEIN VERLAG
Delmenhorst und Berlin
Fax 04221 808222
www.aschenbeck.net
Alle Rechte vorbehalten

Der Stolz auf die Vergangenheit lebt fort. Die sicher fragwürdige Feststellung trifft aber ganz bestimmt auf die Hanse zu. Dieser Teil des Mittelalters ist in verschiedenen Städten Mecklenburg-Vorpommerns immer noch gut und in den monumentalen Kirchenbauten sogar weithin sichtbar. Mitunter wird die Geschichte Mecklenburg-Vorpommerns sogar nur auf das hansische Mittelalter verkürzt gesehen.
Rostock, Stralsund, Greifswald und Wismar sind als Hansestädte weithin bekannt geblieben. Alle vier können auf eine über 750-jährige Vergangenheit zurück blicken, und sie tun das gern.

Das Stadtzentrum von Greifswald mit dem Rathaus im Vordergrund zu Beginn des 20. Jahrhunderts

»Hanseatisch ist die besonnene Bürgerlichkeit, ist die Standhaftigkeit, die die Freiheit selber ist.« Das wusste Thomas Mann 1926 über den Geist der Hanse zu sagen, wie er sich in das 20. Jahrhundert überliefert hat. An anderer Stelle wusste er, dass »der Hanseat immer in gewissem Sinne ein Sohn des Mittelalters bleibt«. – So sieht man es auch heute noch gern.

Besonders dieser Teil der Geschichte fließt in den vier Städten in der Gegenwart immer wieder zusammen. Museumshäfen und moderne Umschlagplätze, gotische Kirchen und neue Handelstempel – neudeutsch: Tradecenter –, eben Besonnenheit und kommerzieller Wagemut geben ihnen das Besondere. Die Hanse ist das Gemeinsame. Ebenso gemeinsam ist die Geografie: Alle vier Städte sind mit der Ostsee verbunden. Sie liegen vor Sturm und Feinden geschützt hinter einer vorgelagerten Insel, an einer tief ins Land reichenden Bucht und/oder an einer Flussmündung. Ihre geografische Lage hat sie für das hansische Bündnis interessant gemacht. Zwei, vielleicht auch zweieinhalb Jahrhunderte wurden die Städte architektonisch dadurch geprägt. Vielleicht fünf Jahrhunderte lang kamen danach andere Einflüsse und waren nicht potent genug, diese Prägung zu überlagern – bis heute. Das kann schon stolze Wehmut oder Sehnsucht wachrufen, auch in den Nachdenklichkeiten eines Thomas Mann.

Kirchen, Klöster, Stadttore und Rathäuser – Sakrales und Profanes wurden im Mittelalter prächtig geschmückt. Die bildenden Künste entfalteten sich. Werkstätten für Innenausstattung entstanden vermutlich in allen Seestädten, obwohl auch Importe aus Süddeutschland und

Skandinavien üblich waren. Man dachte hier damals schon eher europäisch. Der sogenannte weiche oder schöne Stil brachte im 15. Jahrhundert Meisterleistungen von europäischer Größe hervor. In Stralsund und Wismar sind davon so viele Beispiele überliefert, dass die UNESCO entschied, beide Städte gemeinschaftlich in die Liste des Welterbes aufzunehmen. In der Blütezeit der Hanse wurden die Universitäten Rostock 1419 und Greifswald 1456 als geistige Zentren Nordeuropas gegründet. Uppsala und Kopenhagen folgten erst 1477 bzw. 1478. Auch das macht stolz.

Zahlreiche Architekturüberlieferungen erinnern an die Zeit der Hanse, in der die späte Gotik ihre ausgeprägtesten und üppigsten Formen entwickelte. Die bedeutendsten Zeugnisse sind mit und in den Kirchen erhalten, die in ihrer sichtbaren Pracht überwiegend in der Blütezeit der Hanse, im 15. Jahrhundert, ihre endgültige Gestaltung erhielten. Stadttore, Stadtmauern und die Reste einiger Klöster lassen die Ausdehnung der mittelalterlichen Kommunen, ihren Reichtum und das Leben vergangener Jahrhunderte erahnen.

Fast alle Klöster wurden im 16. Jahrhundert im Zuge der Reformation enteignet und profaniert, aber ihre Kirchen blieben oft als Gotteshäuser erhalten. Stadttore als Teil der städtischen Verteidigungsanlagen hatten seit dem Ende des Dreißigjährigen Krieges, 1648, ihre Bedeutung verloren. Die Tore dienten nun als Zeughäuser, Gefängnisse oder wurden zu Wohnungen umgebaut. In den Hansestädten zeigen sie interessanterweise nicht die Pracht, wie sie in anderen größeren Städten des Landes zu finden ist. Die Erklärung ist einfach – die Schauseite der Hansestädte lag zur See und damit war der Hafen das repräsentative Eingangstor. Rathäuser, Kirchen und Bürgerhäuser wurden bevorzugter ausgestattet.

Luftaufnahmen sind am ehesten geeignet, auch noch heute die alten Dimensionen der Hansestädte im Mittelalter zu zeigen, wie sie sich bis zur Mitte des 19. Jahrhunderts erhalten haben und immer noch gut erkennbar sind. Deutlich sind auf diesen Bildern auch die Märkte. Manche Städte besaßen sogar drei oder auch vier verschiedene Marktplätze. Die Marktgerechtigkeit gab den Städten des Mittelalters überhaupt erst eine ökonomische Basis, denn die Produkte der Handwerker mussten verkauft werden und der Handel selbst brachte ebenfalls wieder Gewinn. Dieses Markttreiben setzte voraus, dass »Gast mit Gast nicht handeln durfte und kein Bürger mit Gastes Pfennigen«. Das bedeutete – wollten zwei auswärtige Kaufleute miteinander Geschäfte tätigen, so mussten sie einen einheimischen Zwischenhändler einschalten, der natürlich an dem Unternehmen verdiente. Auch Geschäfte über Strohmänner waren verboten – eine weise Einrichtung. Sie sicherte den Kaufleuten Reichtum und damit uns die bauliche Überlieferung.

1669 fand die letzte Tagfahrt – das letzte Treffen der Hansestädte – statt, aber die Erinnerung an diese Vergangenheit lebt in vielen Versatzstücken, u.a. in den »Hansetagen der Neuzeit«, fort.

Auf jeden Fall sind alle diese Städte auf ihre Hansevergangenheit stolz. Das belegen verschiedene Symptome. Der Rechtsweg brachte die Bundesregierung in Verlegenheit. Doch nun darf der Titel »Hansestadt« auch wieder im Ortsschild und als »H« im Autokennzeichen der vier Ostseestädte geführt werden. Schlägt man die »Gelben Seiten« auf, ist die Fülle der Firmen, die das historische Bündnis der Kaufleute als Aushängeschild nutzen, beachtlich. Hansekontore, Hansecenter, Hansesail, Hansetage sind in diesen Städten allgegenwärtig. Ob Babyausstatter oder Begräbnisunternehmen – im Gedanken an die Hanse sind sie alle gleich. Unangefochten führend in der Popularität ist der FC Hansa in Rostock. Die Kogge ist sein Logo. Fast möchte man meinen, dass die Historie der beiden Landesteile Mecklenburg und Vorpommern nur an diesem Teil der Geschichte auch über die Landesgrenze hinaus bekannt ist. Selten ist ein historisches Phänomen in der modernen »Erinnerungsarbeit« so durchgängig positiv besetzt.

Auch die heute in Mecklenburg-Vorpommern Lebenden lieben es, besonders auf diesen Teil ihrer Vergangenheit aufmerksam zu machen. Im Sommer wird es keinem Touristen gelingen, sich diesen hanseatischen Erinnerungen zu entziehen. Da ist in Rostock an erster Stelle die Hansesail zu nennen, die mit dem imponierenden Aufgebot an Großseglern Romantik und Qual der Seeleute früherer Zeiten sichtbar werden lässt. In Wismar entsteht im Museumshafen der Nachbau einer mittelalterlichen Kogge, deren Reste vor wenigen Jahren entdeckt wurden. Stralsund hat seinen alten Hafen in einen Traditionshafen umgewandelt. In Greifswald ist die Attraktion das Segelschulschiff Greif, auf dem man immer noch anheuern kann. Hier kann jeder, der sich im Drang nach Seeabenteuer nicht bezähmen kann, Lust und Frust christlicher Seefahrt früherer Jahrhunderte an den eigenen Knochen, Handflächen und Muskeln spüren lernen.

Noch deutlicher wird moderner Hansegeist in den Dimensionen, die Hafenanlagen für den Überseebetrieb wie in Rostock und Wismar oder die Werftatmosphäre ausstrahlen. Erst wer einmal an Deck eines eisernen Ozeanriesen stand und die Motoren durch seinen Körper vibrieren spürte, kann die verträumten Augen verstehen, die manchem Cap Hornier bei seinen Erzählungen glänzen.

Spaziergänge durch die Altstädte an der östlichen Ostseeküste bieten Einblicke und Durchblicke. Reichtum in mittelalterlichem Backstein, in seinem »großen ausgetrockneten Rot«, wie es Uwe Johnson sah, oder Armut in windschiefem Fachwerk nachfolgender Jahrhunderte haben, gestützt von Denkmalpflegern, überlebt. Sie geben unseren Augen, den von flimmernden Bildschirmen gehetzten Augen, einen Halt.

Die »Wasserkunst« ist eigentlich ein Brunnenhaus und heißt Wasserkunst, weil in früheren Jahrhunderten alles von Menschenhand Hergestellte als »Kunst« empfunden wurde. Die Wismarer Wasserkunst, von Philipp Brandin 1580 entworfen, ist deshalb keine kunstvolle Fontäne, sondern ein Zeugnis des Bedeutungswandels der Sprache.

Die »stat to de wisemare« erhielt ihren Namen von einem kleinen Flüsschen ganz in der Nähe. 1229 ist Wismar erstmals urkundlich nachweisbar, doch die Gründung erfolgte mit Sicherheit bereits einige Jahre zuvor.

Wismar – da denkt man an Schiffe, Hafen, Störtebeker oder neuerdings auch Holz. Wissen über die Vergangenheit mit Schwedenzeit, Wallenstein, den Automobil- oder Flugzeugbau kennzeichnen schon eher den Insider. Charakteristisch für die Wismarer oder Wismaraner (das ist eine Glaubensfrage) bleibt, dass sie sich gegen die beiden größeren Schwestern, Lübeck im Westen und Rostock

Seit 1878 hat der »Alte Schwede« (im Bild das rechte Haus mit dem Treppengiebel) den Namen. Das ist irreführend. 1878 waren die Schweden als Besatzer längst ein »Auslaufmodell«. Als das Wohn- und Speicherhaus um 1380 gebaut wurde, war die Stadt ein bisschen mecklenburgisch, aber viel eher hanseatisch und gar nicht schwedisch. Schön ist es trotzdem.

im Osten, behaupten müssen und deshalb für sich eigene Superlative fanden und finden: der größere Marktplatz, der größte erhaltene Altstadtkern Europas, das schönste Glockenspiel des Landes Mecklenburg-Vorpommern – die 9 Glocken von St. Marien, das höchste Kirchenschiff Norddeutschlands in St. Nikolai, das Stammhaus von Karstadt oder im Bundesland die höchste Anzahl von Arbeitsplätzen im produzierenden Gewerbe auf die Bevölkerung berechnet.

Denkmalpfleger hätten nach heutigem Verständnis die Architekturüberformungen vor etwa 100 Jahren

Hinter den barocken, klassizistischen und manchmal auch Jugendstilfassaden verbirgt sich die Gotik. Das geübte Auge kann die Spitzbogen des Mittelalters noch erkennen. Wismar ist ein wunderbares Architekturratespiel.

verboten. Nie hätte ein streng vertikal gegliederter gotischer Giebel nachträglich mit verspielten Türmchen und horizontalen Simsen versehen werden dürfen. Kein Bauamt hätte die spätbarocken oder klassizistischen Fassaden vor mittelalterlichen Baukernen erlaubt. Nie hätte Wismar sein heutiges Gesicht und seinen heutigen Reiz erhalten. Jetzt ist man in Wismar froh über beides – über den Denkmalschutz und über die lockeren Bausitten vergangener Jahrhunderte.

Als um 1250 das Heilig-Geist-Spital von barmherzigen Menschen errichtet wurde, führten diese Gutes im Schilde – sie halfen den Armen und Bedürftigen. Heute glänzt das Gebäude wieder – als denkmalgeschütztes Kleinod den nimmermüden Backsteintouristen.

Symbolträchtig schmückt das Bronzeschwein die Schweinsbrücke, die über den künstlichen Wasserlauf »Grube« zwischen St. Nikolai (oben) und den schmalen schlichten Wohnhäusern führt.

Links: Das 1450 errichtete Wassertor, das zum Hafen führt

Unten: Das originale prächtige gotische Gebäude, einst als Archidiakonat neben der Marienkirche gebaut, wurde ein Opfer der Bomben im Zweiten Weltkrieg. Der im Jahr 1962 wiederaufgebaute Backsteinbau kündet von der Baukunst in einer reichen Hansestadt.

Das ziegelsichtige Rotbraun der heute teilweise leer stehenden Speicher beherrscht die Umgebung des Alten Hafens, in dem die Segelboote das Flair einer vergangenen Zeit mit Abenteuern auf hoher See für die Besucher vorschaukeln. Attraktionen in diesem Hafen sind der originalgetreue Nachbau einer schwimmfähigen Hansekogge und das »Baumhaus« am Molenkopf, von dem früher der Hafen mit einem »Baum« abgeriegelt werden konnte. Heute dient es als Galerie.

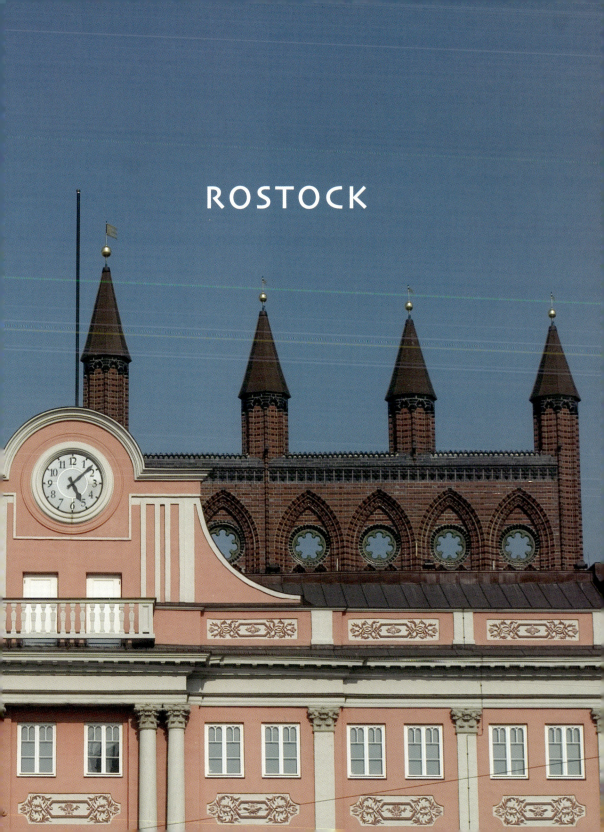

An der Petrischanze hinter der Kirche St. Petri ahnt man den Grund für die Entscheidung, hier eine Stadt zu bauen. Roztoc – der slawische Stadtname heißt »Flussverbreiterung« – ist noch in der Bezeichnung »Breitling« für die Mündung der Warnow überliefert. 1218 gilt hier als das älteste bekannte Datum einer Urkunde für die Stadtrechtsverleihung.

Moderner sollte es aussehen, das Rathaus. Vor die stolze Fassade des Mittelalters aus glasierten Backsteinen ließen die Bürger 1727 deshalb einen neuen Vorbau setzen, bekrönt von einer Uhr, damit die Einwohner erkennen können, was die Stunde geschlagen hat.

Rostock hatte zweimal in seiner Geschichte Glück. Einmal wurde die Stadt Mitglied der Hanse und dadurch reich. Die gewaltigen gotischen Kirchen sind der überlieferte Beweis. Beim zweiten Mal hat die Stadt nach der Katastrophe der Bombennächte im Zweiten Weltkrieg einen weitblickenden weisen Rat gehabt, der neue Häuser in der Innenstadt wieder mit dem Maß der alten hansischen Architektur bauen ließ. Vielleicht war es auch nur die Weisheit einzelner Stadtplaner mit Rückgrat. Das ist im Resultat egal. Der Unterschied zwischen den Jahrhunderten bleibt erkennbar, weil der Backstein als Material immer wieder Verwendung fand und die Struktur der Fassaden bildet.

In keiner anderen Stadt Mecklenburg-Vorpommerns ist der Hafen so präsent wie in Rostock. Die Hansesail lässt mit ihrem unübersehbaren Mastenwald im Sommer im alten Stadthafen eine Ahnung der vergangenen Jahrhunderte zu. Der moderne Fähr- und Überseehafen zeigt in der Ferne die industrielle Dimension dieser Wirtschaft.

Die mit Abstand einzige Großstadt Mecklenburg-Vorpommerns weiß sich nicht nur im Land zu behaupten.

Nur die Reichsten der Stadt, die Brauer, Reeder und Kaufleute, konnten sich an dieser Stelle im Schatten der Marienkirche mit Blick auf das Rathaus ein Haus leisten. Den Krieg überstand nur die »Gaststätte Burwitz«; die anderen Häuser sind nachempfundene Neubauten aus den 1960er-Jahren. Trotzdem wirken sie wie Spielzeug vor der Wucht sakraler Größe.

Über Jahrhunderte war die gotische Marienkirche, um 1450 errichtet, der monumentale Mittelpunkt der Kommune.
Zu den herausragenden Ausstattungsstücken gehören die bronzene Tauffünte aus dem Jahr 1290 und eine 1462 vollendete astronomische Uhr.

Die gotischen Kirchengewölbe ragen in der Rostocker Marienkirche 31 Meter in die Höhe – der Schlussstein ist von unten kaum erkennbar.

In einer Bombennacht verlor St. Nikolai 1942 seine barocke Turmhaube und erhielt 1956 ein Notdach – bis heute. Seit 1976 entstanden über dem Kirchenschiff Wohnungen. Hätte man stattdessen das alte Turmdach wieder aufbauen sollen?

Drei völlig verschiedene Architekturauffassungen werden durch das Grundprinzip des Treppengiebels an der Kröpeliner Straße miteinander verknüpft. Links steht der minimalistisch reduzierte Neubau des 20. Jahrhunderts und rechts die Neorenaissanceadaption des 19. Jahrhunderts. Das Original steht in der Mitte. Es ist in seinen Grundzügen ein spätgotischer Bau aus dem frühen 16. Jahrhundert, an dem besonders die glasierten Zierfriese mit Löwen und Rosetten unter den verspeilten Zinnen auffallen. Heute befindet sich in dem Gebäude die Rostocker Stadtbibliothek.

Die Renaissance galt dem Bildungsbürgertum des 19. Jahrhunderts als Ideal des Aufbruchs in eine Zeit der modernen Wissenschaften. Deshalb musste der Neubau der »alma mater rostochiensis« 1867 architektonisch diesem Ideal vergangener Jahrhunderte folgen.

Die auch als »Leuchte des Nordens« bezeichnete Universität wurde bereits 1419 gegründet und ist damit die Älteste in Nordeuropa. Der dänische Astronom Tycho Brahe erhielt hier im 16. Jahrhundert seine Ausbildung. Heinrich Schliemann promovierte 1869 in Rostock und Albert Einstein wurde 1919 von der Universität mit seiner ersten Ehrendoktorwürde geehrt.

Nach außen in die Landschaft blickend sind sie wehrhaft und solide, nach innen schmuckreich und detailverliebt: Stadttore bleiben Sinnbilder für Offenheit und Sicherheit.

Bei dem breit gelagerten Bauwerk der mittleren Abbildung handelt es sich um das Steintor. Eintracht und glückliches Leben – »Concordia et Publica Felicitas« – verheißt das Steintor aber nur nach innen. Es wurde 1572 im Geschmack der Renaissance neu aufgebaut und erhielt dabei seinen stadtseitigen Schmuck mit den drei verschiedenen Stadtwappen und dem Sinnspruch.

Das hoch aufragende Kröpeliner Tor dagegen, Abbildung ganz links, ist das Ergebnis von etwa 100 Jahren Aufstockung. Der untere Teil wurde im 13. Jahrhundert begonnen und die Blendgiebel an allen vier Turmseiten bildeten im 14. Jahrhundert den Abschluss.

Zwei Sinnbilder des Fernhandels über das Meer. Die Speicher waren Zweckbauten des 20. Jahrhunderts für die Zwischenlagerung der Ernte oder anderer Handelsgüter. Die hölzernen Drehkräne des 19. Jahrhunderts hoben die Lasten auf die Schiffe.
Der jetzige Drehkran (Bild rechte Seite) ist ein junger Nachbau in etwa der Hälfte der ursprünglichen Größe.

Masten und Takelung von Segelschiffen vor Speichergebäuden am Hafen – die Synonyme von seestädtischem Merkantilismus haben ein hochmodernes Gesicht bekommen.
Die darunter liegende funktionale Backsteinstruktur stammt von den Zeichenbrettern des Reichsnährstandes aus der Zeit des Nationalsozialismus, als in den Häfen große Getreidespeicher errichtet wurden.

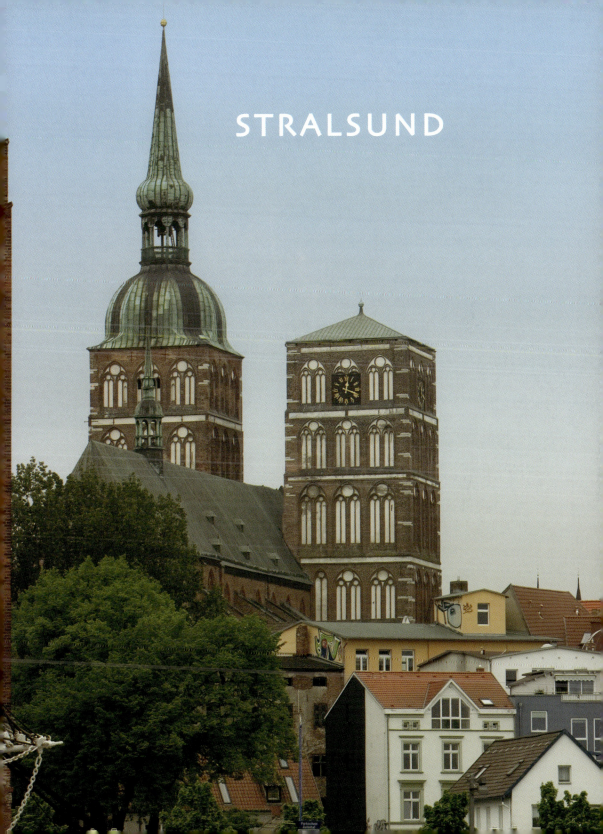

Seit dem 31. Oktober 1234 hat Stralsund das Stadtrecht. Stadtrecht bedeutete: eigene Münze, eigene Rechtsprechung, Marktgerechtigkeit und das Recht auf eine Umfassungsmauer. Die Urkunde, von Fürst Witzlaw I. in Garz auf der Insel Rügen »unserer Stadt Stralow« ausgestellt, liegt wohlverwahrt im Archiv der Hansestadt. Aus dem slawischen Stralow wurde ein deutscher »stral« – ein stilisierter Pfeil. Er findet sich im ältesten Stadtsiegel und ist als Wappen bis heute in Gebrauch. Der Sund, bereits 1240 dem Namen zugefügt, bezeichnet die Meerenge zwischen Festland und Rügen.

Die günstige geografische Situation der Stadt ist heute noch am besten aus der Luft erkennbar: seeseitig geschützt durch die vorgelagerte Insel, landseitig gesichert durch eine fast-Insellage und trotzdem gut erreichbar für alle, die Gutes im Schilde oder Geld im Säckel führen, konnte die Kommune im Mittelalter erfolgreich mit der mächtigen Hansestadt Lübeck konkurrieren. Keine andere Stadt in Mecklenburg-Vorpommern hat heute noch eine solche Dichte mittelalterlicher Baudenkmale: Kirchen, Klöster, Stadttore und Giebelhäuser mit den so genannten hinteren »Kemladen« – verballhornt aus den »Kemenaten« – bestimmen immer noch das Flair. Allen voran steht das Rathaus mit einer an versteinerte Spitzenklöppelei erinnernden Fassade, deren kunstvoll durchbrochenes Mauerwerk aber auch den ganz praktischen Hintergrund hatte, die Windlast zu verringern.

In keiner anderen Stadt wird der Kontrast der Armut, den das bescheidene Fachwerk für nachfolgende Jahrhunderte dokumentiert, so augenfällig. Aufstieg, Niedergang und Stagnation sind exemplarisch in den verschiedenen Bauetappen nachfühlbar.

Stralsund im
16. Jahrhundert

Unten: Selten sieht man es so deutlich – die Großbauten der Macht. Die Macht der Geistlichkeit himmelstrebend und die Macht des Handels ebenfalls hoch aufragend. Ein Architekturerlebnis, das nur aus der Luft oder vom Wasser richtig sichtbar wird. Die Kirchtürme gehören (von links) zu St. Jakob, St. Marien, und St. Nikolai (Doppelturm).

Nächste Doppelseite:
Es sollte aussehen wie Mittelalter – zinnenbekrönt, bogennischengeschmückt und natürlich backsteinern. Es wurde doch romantisch verklärtes 19. Jahrhundert, egal ob Speichergebäude oder Hafenamt.

600 Jahre und mehr spannen sich mühelos von der Pfarrkirche St. Marien über den Hafenspeicher zum Großsegler – hier die »Gorch Fock«, deren Heimathafen Stralsund seit 2003 ist.

St. Nikolai – das bedeutet etwa seit 1340 weithin sichtbare doppeltürmig rotbraune Ernsthaftigkeit nach außen und kraftvoll farbige Fröhlichkeit nach innen hinauf bis zum Schlussstein. So bunt war das Mittelalter in einer Hansestadt wirklich.

Der Chor wurde wohl um 1270 begonnen. Es folgte das Langhaus, bis etwa 60 Jahre später die Kathedrale fertig war, die St. Marien in der Hansestadt Lübeck im Wettbewerb um die schönste und reichste Kirche Konkurrenz machen sollte.

Spielzeughäuser der Bürger vor sakraler Monumentalität und Spitzenklöppelei aus gebranntem Ton als Vorhang vor dem Versammlungsort eines ehrbaren Rates – das ist hanseatisches Selbstverständnis, das Stralsund in heutiger Zeit zum Welterbestatus verhalf.

Nächste Doppelseite: Die Rathausarkaden in ihrer Schmuckgestalt aus der Zeit um 1680 sind oft die Ursache für die Nackenschmerzen bewundernder Besucher. In der Halle befinden sich an den Seiten kleine Räume, die einst als Läden unterschiedliche Waren feilboten.

Links: Das Wohnhaus des reichen Bürgermeisters Wulflam am Markt macht Reichtum erkennbar an filigranem, glänzend glasiertem Blendmauerwerk im Giebel und zwei Wohngeschossen mit ungewöhnlich großen Fenstern. Glas musste man sich leisten können.

Rechte Seite: Gotische Vielfalt auf einen Blick – üppige Blendfriese und Giebelfenster, Vorhangdekor aus Backstein neben schmucklos fachwerkelnder Zweckmäßigkeit und über allem die hohe Schule der Kirchenbaukunst.

Die Nachwelt ging unterschiedlich mit der mittelalterlichen Hinterlassenschaft hansischer Kaufleute um. Einerseits wurden Schmuckgiebel bis auf das funktional notwendige Mauerwerk abgetragen (der Giebel des Hauses auf der linken Seite hatte einst eine abgetreppte Form), andererseits liebevoll und detailgetreu gepflegt und erhalten – koste es, was es wolle oder nur so weit das Geld reichte.

Das 1254 gegründete Johanniskloster beherbergt heute mit dem Stadtarchiv das Gedächtnis der Hansestadt.
Nach der Reformation konnten die Franziskaner ihren Orden hier nicht mehr weiterführen. Die Kirche brannte 1624 bis auf den Chor aus und wurde zu einem Hof umgestaltet. In den Klausurgebäuden richtete die Stadt ein Spital ein. 1944 vernichteten Bomben den Chor der Kirche und es blieben nur noch die Umfassungsmauern.

Links: St. Marien, die Pfarrkirche der Hansestadt aus der letzten Phase der Gotik, fällt besonders durch den ungewöhnlich architektonisch gegliederten Turm mit seinem oktogonalen Abschluss und den vielen Fialtürmchen auf.

Nächste Doppelseite: »Ora et labora« lautete die Ordensregel, doch die Zisterzienser aus Neuencamp (Franzburg) hatten es in der Hansestadt, in ihrem »Kampischen Hof«, gern etwas weniger arbeitsreich und vielleicht wurde auch das eine oder andere Gebet ausgelassen.
Der Hof diente den Äbten oder ihren Stellvertretern bei der Erledigung von Geschäften in der Hansestadt als Quartier. In den Seitengebäuden befanden sich Speicher zur Zwischenlagerung der zu verschiffenden Handelsgüter aus den Klosterdörfern bzw. die angekommenen Waren für das Kloster. Das Wohnhaus erhielt im 18. Jahrhundert die barocke Fassade.

Caspar David Friedrich: Wiesen bei Greifswald, um 1820/22 (Kunsthalle Hamburg)

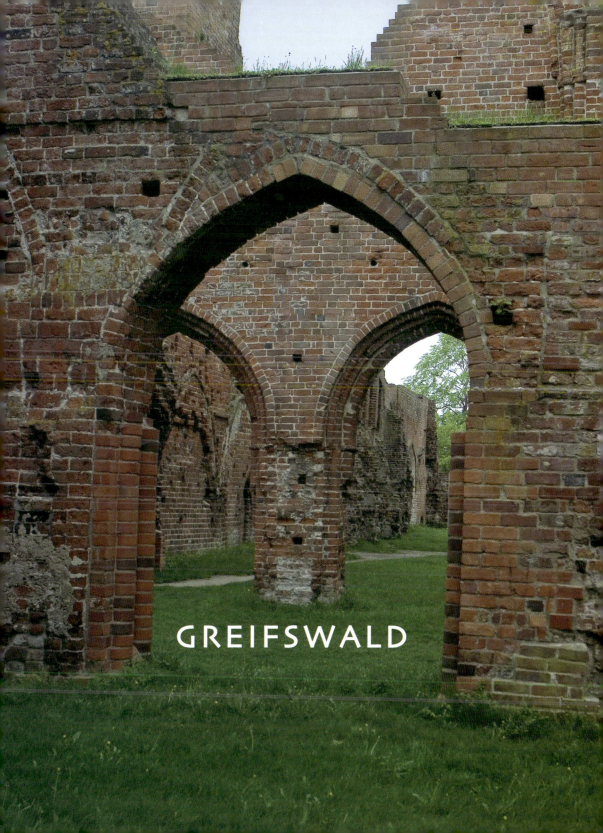

GREIFSWALD

Sie ist die Jüngste und Kleinste in der Familie der vier Hansestädte des so genannten »Wendischen Quartiers«. 1250 erhielt sie lübisches Stadtrecht und wer die Geschichte näher kennt, nennt sie nicht »oppidum gripheswald« sondern kurz und liebevoll »Gryps«. Dominant sind auch hier die weit über Land und Meer sichtbaren gotischen Kirchen. Offiziell geweiht heißen sie: St. Marien, St. Jakobi und St. Nikolai. Zuhause werden sie aber nach ihrer äußeren Gestalt die »Dicke Marie«, der »Kleine Jakob« und der »Lange Nikolaus« genannt.

Den Ruhm dieser Stadt trug und trägt Jahrhunderte über die Zeit der Hanse hinaus die »alma mater gryphiswaldensis«. Als zweitälteste Universität im Ostseeraum (nach Rostock 1419) schon 1456 gegründet, gehört sie zwar heute zu den Kleinsten in Deutschland, ist aber in der Beliebtheitsskala weit oben zu finden. Sie gibt der Stadt durch den hohen Studentenanteil an der Bevölkerung ein jugendliches und intelligentes Gesicht.

Dass zu Greifswald aber die wohl berühmteste Ruine Deutschlands gehört, ist nicht den Zisterziensern sondern einem in dieser Stadt geborenen Maler geschuldet, der seinen romantischen Gefühlen an der Staffelei freien Lauf ließ und die Klosterruine Eldena in andere Landschaften »hineindichtete«. Caspar David Friedrich kam hier 1774 als Sohn eines Seifensieders zur Welt. Das Original der Reste früher Zisterzienserbaukunst, in dem er so viel Symbolik fand, steht aber nicht im Hochgebirge. Es steht in Wirklichkeit in Greifswald – zugegeben: in Greifswald-Eldena, etwa drei Kilometer östlich der alten Stadtmauer.

St. Marien, die Pfarrkirche der Altstadt heißt bei den Bewohnern der Hansestadt nur die »dicke Marie«. Den Namen hat sie wegen ihres sehr starken Westturmes, der allerdings nicht den streckenden Aufbau bekommen hat, um die Proportion wieder an Höhe gewinnen zu lassen. Etwa 1280 begonnen, mag der chorlose Bau etwa 100 Jahre später fertig gewesen sein. Spektakulär war vor einigen Jahrzehnten die Wiederherstellung der kraftvollen mittelalterlichen Farbigkeit.

Der Greifswalder Markt um 1818 (Museum der Stadt Greifswald)

Markttreiben auf dem Marktplatz – Kontinuität vom Mittelalter bis heute und trotzdem immer wieder anders. »Handel bringt Wandel« – so einfach ist das.
Das gotische Haus mit seinem schlichten Treppengiebel reicht bis in das 13. Jahrhundert zurück. Es zeigt in der schmuckreichen Gestaltung der kleinen Blendbögen und Fenster Geschmack und Können der Baumeister der Zeit. Das Nachbarhaus wurde im Jahr 1772 errichtet.

Linke Seite: »Langer Nikolaus« nennen die Greifswalder ihren Dom. Die Turmverwandtschaft zu seiner Turmschwester St. Marie in Stralsund ist unverkennbar. Vom Alter her könnten sie Zwillinge sein – vielleicht zweieiige.

Das rote gründerzeitliche Haus vor dem Dom, im Bild links gut zu erkennen, wurde Ende des 19. Jahrhunderts dort errichtet, wo einst das Elternhaus Caspar David Friedrichs stand.

Rechts: Bürgermeister Heinrich Rubenow starb 1462 von Mörderhand. Ein Denkmal erhielt er 1856 ganz im Geschmack der Neogotik nach einem Entwurf Friedrich August Stülers. Es würdigt aber nicht seinen 400. Geburtstag, sondern die 1456 erfolgte Gründung »seiner« Universität – der »alma mater gryphiswaldensis«.

Oben: Die Zugbrücke über den Fluss Ryck bei dem Fischerdorf Wieck ist ein funktionsfähiger Nachbau. Diese Brücke war das Nadelöhr für die nach Greifswald einlaufenden Schiffe.

Links: Caspar David Friedrich, Hafen von Greifswald, um 1820

Linke Seite: Segelschiffsromantik schaukelt im alten Stadthafen vor der Kulisse moderner Giebelhäuser. Die Klinkerverblendung der Plattenbauten ist als Reminiszenz an die mittelalterliche Baustruktur einer Hansestadt zu verstehen.

Caspar David Friedrich, Klosterruine Eldena

Die bekannteste Ruine Deutschlands aus einer unbekannten Perspektive – es handelt sich um die Reste des Klosters Eldena. Caspar David Friedrich malte die Westfassade der Zisterzienserkirche aus einer anderen Sicht und versetzte das Gesehene auch gern einmal an einen anderen Ort, so in das Riesengebirge.

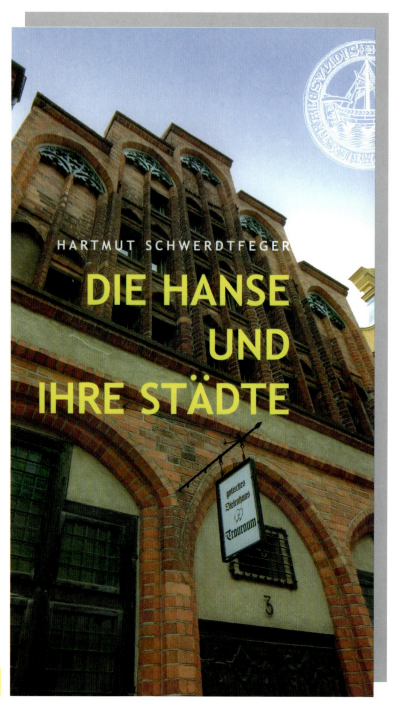

neu

Aschenbeck & Holstein – Jahnstraße 39 – 27753 Delmenhorst
T. 04221 987531 – F. 04221 808222 – www.aschenbeck.net
info@aschenbeck.net